Dieses Buch gehört

_____

_____

Mein kleines Buch der Tiere

Katzen

Heike Schmidt-Röger, Marlies Borchardt

KNESEBECK

Inhalt

Ein Katzenkind wird geboren

Eine Katzenmutter bringt drei, vier, manchmal sogar acht Kinder auf die Welt. Direkt nach der Geburt sind die Kleinen blind und taub. Mit etwa zehn Tagen öffnen sie langsam ihre Augen, die bei allen Katzenbabys blau sind. Erst später entwickelt sich die tatsächliche Augenfarbe.

**Die Katzenmutter zeigt ihren Kindern die Welt
und beschützt sie vor allen Gefahren.**

Mit gut zwei Wochen beginnen die Kätzchen zu krabbeln,
und nach ein paar Tagen können die aufgewecktesten schon
laufen. Nach und nach erobern sie nun ihre Umgebung.
Sie üben springen und klettern, lernen sich zu putzen und
feste Nahrung zu fressen.

**Oft haben Katzengeschwister
viele verschiedene Fellfarben.**

Ein Kätzchen kommt in die Familie

Im Alter von zwölf bis 14 Wochen sind Katzenkinder schon sehr selbstständig. Nun können sie von ihrer Katzenfamilie getrennt werden und bei ihrer Menschenfamilie einziehen. Damit es kein Heimweh bekommt, darf das Kätzchen in der ersten Zeit nicht allein sein. Es braucht Geborgenheit, Ruhe und viel Zeit, um vorsichtig sein neues Zuhause zu erschnuppern. Dann schließt es bald Freundschaft, und der Mensch wird sein vertrauter Schmusepartner.

Schon die Kleinsten schärfen regelmäßig ihre Krallen. Deshalb gehört ein Kratzbaum in jede Katzenwohnung.

Köpfchen geben heißt in der Katzensprache: »Du gehörst zu mir!«

Katzenkinder sind immer neugierig. Hektik und Lärm mögen sie nicht so gerne.

3

Spielstunde

Eine tolle Beute! Aber wie soll man sie packen?
Oder ist sie vielleicht doch noch ein bisschen zu groß?

Junge Katzen spielen für ihr Leben gern! Dabei trainieren sie ihre Muskeln und üben alles, was ein guter Jäger können muss: springen, klettern, balancieren, anschleichen, verstecken und vor allem fangen und schnell zupacken. Eine spannende Jagd ist neben Schlafen das Wichtigste in einem Katzenleben.

Am schönsten ist es draußen in der Natur! Katzenkinder sollte man aber erst herauslassen, wenn sie sich mindestens vier Wochen an ihr neues Zuhause gewöhnt haben.

Guten Appetit!

Junge Kätzchen werden drei- bis viermal täglich gefüttert. Erwachsene Tiere bekommen zwei Mahlzeiten am Tag, am besten morgens und abends immer zur gleichen Zeit. Nach der Mahlzeit suchen sie sich ein Plätzchen zum Schlummern und Verdauen. Wenn sie wieder munter sind und spielen oder kuscheln möchten, kommen sie ganz von selbst. Wasser muss immer bereitstehen, am besten stellt man an verschiedenen Orten in der Wohnung Näpfe auf.

Eine Katze braucht einen ruhigen Futterplatz und möchte beim Fressen nicht gestört werden.

**Ein erfrischender Schluck aus der Gießkanne!
Aber aufgepasst – unbedingt darauf achten,
dass kein Düngemittel darin ist!**

Tierisch müde

Wenn sie nicht auf der Jagd sind oder ein ausgelassenes Spielchen angesagt ist, sind Katzen wahre Faulenzer! Rund 16 Stunden verbringen sie täglich mit Schlafen. Immer wieder halten sie kürzere und längere Nickerchen. Ist es draußen kalt oder regnerisch, kann es hin und wieder passieren, dass sie den ganzen Tag verschlafen.

Katzen lieben warme und kuschelige Plätze. Wenn sie schlafen, möchten sie nicht gestört werden.

Oft dösen Katzen auch nur. Das kann man gut daran erkennen, dass sie ihre Ohren bewegen, wenn irgendwoher ein Geräusch kommt. Dann sind sie ruck zuck wieder auf den Beinen. In der Wohnung, auf dem Balkon oder im Garten haben Katzen meistens mehrere Lieblingsplätze für ihre Schlummerstunden.

Was Katzen alles können

Katzen sind Meister im Balancieren. Dafür haben sie im Ohr ein empfindliches Gleichgewichtsorgan. Wenn es nötig ist, benutzen sie ihren Schwanz als Balancierstange.

Auch im Dunkeln können Katzen gut sehen: Ihre Pupillen werden groß und kreisrund, und die Tiere erkennen genauso viel wie bei Tageslicht.

Katzen haben wesentlich bessere Ohren und Augen als wir Menschen. Das ist wichtig, denn mehrmals am Tag gehen sie auf Raubzug. Aufmerksam verfolgen sie alles, was sich bewegt. Mäuse, Vögel, Schmetterlinge – schon das leiseste Rascheln verrät ihnen, dass ein Tier in der Nähe ist. Auf ihren samtigen Pfoten können sich Katzen lautlos anschleichen und blitzartig hoch und weit springen, um die Beute zu packen.

Draußen oder drinnen?

Katzen lieben es, nach Herzenslust draußen herumzustromern. Am liebsten möchten sie immer frei entscheiden, ob sie durch ihren Garten und ihr Revier streifen oder ob sie sich gemütlich auf den Schoß ihres Besitzers kuscheln.

Auch in der Wohnung macht das Jagen Spaß!

Jagdausflüge sind immer spannend und machen eine Katze zufrieden und ausgeglichen.

Allerdings lauern in einer Großstadt und an verkehrsreichen Straßen große Gefahren. Hier sind Katzen besser in der Wohnung aufgehoben. Wenn es dort viele Verstecke und Klettermöglichkeiten gibt und ihr Mensch täglich mit ihr spielt und schmust, kann eine Katze auch in der Wohnung ein glückliches Leben führen.

Katzen in vielen Farben

Katzen sehen ganz unterschiedlich aus: Sie können braun, beige, schwarz, grau oder schneeweiß sein. Manche sind getigert, andere sind einfarbig oder gefleckt. Es gibt Katzen mit kurzem Fell und solche mit langem Wuschelfell.

Wenn du dir die Bilder in diesem Buch genau anschaust, wirst du noch viele andere Unterschiede entdecken.

So spricht die Katze

Katzen sagen nicht nur einfach »**miau**«. Mit ganz vielen unterschiedlichen Lauten machen sie sich verständlich. Wenn sie mit uns plaudern möchten, Langeweile haben oder etwas erbetteln wollen, maunzen sie. Sie schnurren, wenn sie sich wohlfühlen, aber auch wenn sie krank oder verletzt sind. Aus Angst oder Unsicherheit knurren oder grollen sie. Dann ist Vorsicht geboten. Wütende Katzen fauchen und machen einen Buckel. Man sollte ihnen dann auf keinen Fall zu nahe treten. Wenn du genau hinhörst, verstehst du, was deine Katze dir sagen will.

Mit »miau« ruft eine Katze oder begrüßt ihren Partner. Ein sehr helles »miau« zeigt schlechte Stimmung an.

Goldene Regeln

Wenn du deine Katze richtig behandelst, werdet
ihr dicke Freunde werden. Einige wichtige Regeln
solltest du immer beachten.

- Störe eine Katze nie beim Fressen oder wenn sie schläft.

- Deine Katze bestimmt selbst, wann und wie lange sie schmusen möchte. Halte sie nicht fest.

- Katzen mögen es nicht, wenn sie ständig umhergetragen werden.

- Eine Katze sagt dir sehr deutlich, was sie mag und was ihr nicht passt. Achte darauf!

- Wenn sie um deine Beine streicht und schnurrt, möchte sie gestreichelt werden.

- Wenn sie mit ihrer Schwanzspitze zuckt oder ihren Schwanz aufplustert, wenn sie die Ohren anlegt oder sogar faucht und ihre Krallen zeigt, möchte sie in Ruhe gelassen werden.

- Nimm dir jeden Tag mindestens 20 Minuten Zeit für eine Spielstunde mit deiner Katze.

- Nur in Ausnahmefällen darfst du deine Katze einen ganzen Tag allein in der Wohnung lassen.

Wissenswertes

**In deinem Buch siehst du
viele verschiedene Katzen:**

1 Oskar und Shiva streifen durch die Wiese. Die Katzenmutter hat drei verschiedenfarbige Kinder.

2 Elvira wetzt ihre Krallen am Kratzbaum. Freya schmust mit dem Kätzchen Shiva.

3 Anouk beobachtet neugierig ein Spielmäuschen. Findus spaziert übers Dach und kickt ein Steinchen.

4 Chiara schleckt sich das Maul. Lutz trinkt sauberes Wasser aus einer Gießkanne.

5 Ein Maine-Coon-Kätzchen schläft ein. Tiger genießt den Sonnenschein.

6 Tappi balanciert. Lenny versucht einen Schmetterling zu fangen.

7 Elvira und Rudi spielen mit einer Stoffmaus. Findus klettert im Baum.

8 Viele Rassen:
Grau getigerte Hauskatze
Persermischling
Schwarzweiße Hauskatze
Japanese Bobtail-Katze
Norwegische Waldkatze
Braun getigerte Hauskatze
Rot getigerte Hauskatze

9 Fortuna miaut laut.

10 Tyson mag gern von Mathis gestreichelt werden.

13 Nelly und Lucky kullern über den Teppich. Ein Katzenkind und ein Dackelwelpe sind gute Freunde.

14 Mathis hat für Tyson eine Katzenangel gebastelt.

15 Zora schnuppert an Tims Hand. Selina streichelt Flummi.

16 Findus fühlt sich in seinem Zuhause rundum wohl.

**Welche Katze gefällt dir am besten?
Hier kannst du sie malen.** ▶

Gefallen dir die Bilder im Buch? Hier kannst du welche ablösen und auf deine liebsten Dinge kleben.

_____

_____

_____

Tierische Freunde

Katzen schließen gerne Freundschaft mit Artgenossen. Vor allem für Katzen, die keinen Auslauf nach draußen haben können, ist das Leben zu zweit in einer Stadtwohnung viel unterhaltsamer als allein. Und wenn der Mensch viele Stunden aus dem Haus ist, haben zwei Katzen nie Langeweile. Sie können miteinander spielen, sich gegenseitig putzen oder zusammengekuschelt von neuen Abenteuern träumen.

Meine Lieblingskatze

Hast du auch eine Katze als Freund?
Erzähl doch mal eure Geschichte!

Meine Lieblingskatze heißt _____

Das mag ich besonders an ihr: _____

Meine Lieblingskatze ist   ○ eine Katze   ○ ein Kater

Kennengelernt habe ich meine Lieblingskatze am _____ (Datum).

Zum Geburtstag am _____ gibt es ihr Lieblingsfressen:

_____

Meine Lieblingskatze ist eine _____ (Rasse),

ist _____ Zentimeter groß und hat   ○ langes Haar   ○ kurzes Haar

Ihr Vater heißt _____   Rasse: _____

Ihre Mutter heißt _____   Rasse: _____

Meine Lieblingskatze kann viele Dinge: _____

Sie mag es besonders, wenn wir _____

Sie ist mein bester Freund, weil _____

◄ **Hier kannst du ein Foto von dir und**
deiner Katze einkleben.

Tierische Freunde

Katzen schließen gerne Freundschaft mit Artgenossen. Vor allem für Katzen, die keinen Auslauf nach draußen haben können, ist das Leben zu zweit in einer Stadtwohnung viel unterhaltsamer als allein. Und wenn der Mensch viele Stunden aus dem Haus ist, haben zwei Katzen nie Langeweile. Sie können miteinander spielen, sich gegenseitig putzen oder zusammengekuschelt von neuen Abenteuern träumen.

Hunde und Katzen sind sich oft nicht grün, können aber auch gute Freunde sein. Am besten gewöhnt man sie schon als junge Tiere aneinander.

Zusammen Spaß haben

Spielen gehört zu den schönsten Abwechslungen
in einem Katzenleben. Am liebsten spielen Katzen mit
allem, was sich bewegt, raschelt, rollt oder baumelt.
Ein tolles Spielzeug ist eine **Katzenangel**.
Du brauchst dafür:

– **ein Stöckchen**
– **eine Schnur**
– **eine Feder**

So wird eine Katze zum Freund

Eine Katze ist ein sehr selbstständiges Tier. Sie ist glücklich, wenn du sie liebevoll versorgst und ihr trotzdem ihre Freiheit lässt. Dann kommt sie von selbst, streicht um deine Beine, springt auf deinen Schoß und möchte gestreichelt und gekrault werden. Sie schließt die Augen, rollt sich auf den Rücken und schnurrt voll Wohlbehagen.

Manchmal beißt deine Katze vorsichtig in deine Hände und leckt sie mit ihrer kleinen rauen Zunge. Sie lässt sich verwöhnen und zeigt dir mit ganz viel Zärtlichkeit, dass ihr Freunde seid.

Wenn du dir eine Katze wünschst

Vielleicht gehörst du zu den Kindern, die sich nichts sehnlicher wünschen als eine Katze? Du weißt jetzt, was Katzen alles brauchen, um glücklich zu sein. Und dass es eine große Verantwortung bedeutet, eine Katze zu haben. Deshalb muss sich jede Familie genau überlegen, ob sie sich eine Katze anschafft. Und manchmal muss man auf eine eigene Katze verzichten.

Vielleicht kann ja eine Katze aus der Nachbarschaft dein Freund werden? Viele Katzenbesitzer suchen zuverlässige Katzensitter, die ihre Katze liebevoll versorgen, wenn sie im Urlaub sind oder wenn sie lange arbeiten müssen. Oder du darfst im Tierheim helfen, all die Katzen zu versorgen, die dort auf ein Zuhause warten. Auch sie freuen sich, wenn Menschen Zeit für sie haben. Frag doch mal!

Mit freundlicher Unterstützung von Avery Dennison Zweckform
AVERY DENNISON ZWECKFORM
Office Products Europe GmbH, Postfach 1252, D-83602 Holzkirchen, www.sticker.de
Z-Design is a registered trademark

Bibliografische Information Der Deutschen Nationalbibliothek
Die Deutsche Nationalbibliothek verzeichnet diese Publikation
in der Deutschen Nationalbibliografie;
detaillierte bibliografische Daten sind im Internet unter
http://dnb.d-nb.de abrufbar.

Deutsche Originalausgabe
Copyright © 2009 von dem Knesebeck GmbH & Co. Verlag KG, München
Ein Unternehmen der La Martinière Groupe

Alle Fotografien in diesem Buch © Heike Schmidt-Röger
mit Ausnahme von Kapitel 1, rechte Seite © Sabine Stuewer

Gestaltung und Satz: Anett Hentschel
Lithografie: repro:LUDWIG, Zell am See, Österreich
Druck: Aumüller Druck, Regensburg
Printed in Germany

ISBN 978-3-86873-126-2

www.knesebeck-verlag.de

Mix
Produktgruppe aus vorbildlich bewirtschafteten
Wäldern und anderen kontrollierten Herkünften
www.fsc.org Zert.-Nr. SGS-COC-003461
© 1996 Forest Stewardship Council

FSC

In der gleichen
Reihe sind bisher
erschienen: